अल्लाह-हाफ़िज़

अल्लाह-हाफ़िज़

बशीर बद्र

सम्पादन व लिप्यन्तरण

प्रदीप 'साहिल'

वाणी प्रकाशन

वाणी प्रकाशन

4695, 21-ए, दरियागंज, नयी दिल्ली 110 002

फ़ोन : +91 11 23273167 फ़ैक्स : +91 11 23275710

शाखाएँ

अशोक राजपथ, पटना 800 004, बिहार

कॉफ़ी हाउस कैम्पस, महात्मा गांधी मार्ग, इलाहाबाद 211 001, उत्तर प्रदेश

महात्मा गांधी अन्तरराष्ट्रीय हिन्दी विश्वविद्यालय, वर्धा 442 001, महाराष्ट्र

सुल्तानिया रोड, मोतिया पार्क, भोपाल 462 001, मध्य प्रदेश

www.vaniprakashan.com
marketing@vaniprakashan.in
sales@vaniprakashan.in

Allah-Hafiz
by Bashir Badra
Edited & Transliteration by Pradip 'Sahil'

ISBN : 978-81-7055-757-9
Ghazals

पेपरबैक संस्करण 2001, 2005, 2007, 2009, 2012, 2015
पेपरबैक सातवाँ संस्करण 2022

मूल्य : ₹ 125

जयंत प्रिंटरी, एलएलपी, मुम्बई-02 में मुद्रित

वाणी प्रकाशन का लोगो मक़बूल फ़िदा हुसेन की कूची से

लाए है हम...

पलकें खोलो, देखो ज़रा
लाए हैं हम–
ख़्वाबों के तकिए
आँखों के बादल
मौसम के काँधे
पत्तों के आँचल
पलकें खोलो, देखो ज़रा
लाए हैं हम–

बातों के झरने
आहट की बोली
बादल में बहती कश्ती अकेली
पेड़ों पे बारिश
पलकों का पानी
तुलसी के पीछे रातों की रानी
पलकें खोलो, देखो ज़रा
लाए हैं हम–

वादी में गुज़रा
छोटा सा रस्ता

कोहरे के पीछे सूरज का चेहरा
कैसे बतायें क्या ख़्वाब देखे
मन्दिर पे बैठे उजले परिन्दे

पलकें खोलो
देखो ज़रा
लाए हैं हम–

वशीर 'बद्र'

अनुक्रम

"मैं...मेरा फ़न...मेरा तज्रुबा"

मैं ग़ज़ल का आदमी हूँ—ग़ज़ल से मेरा जनम-जनम का साथ है—ग़ज़ल का फ़न मेरा फ़न है—मेरा तज्रुबा ग़ज़ल का तज्रुबा है—मैं कौन हूँ?...मेरी तारीख़ हिन्दुस्तान की तारीख़ के आसपास है—मैं बेनाम—द्रविड़—आर्य—और सीमित कीजिए तो कुछ दिनों अरबी, ईरानी, मंगोली, मुग़ल वग़ैरा बाहर से आए हुक्मराँ की हैसियत से यहाँ आलम-पनाह भी रहा हूँ। मैं हिन्दू, बौद्ध, मुसलमान, सिख, सूफ़ी और दहरिया भी हूँ। लेकिन हज़ार बात की एक बात ये है कि इस जादू भरे मुल्क ने, इसके हँसते सावन के आँसुओं, गर्मियों की लू, जाड़ों की आग लगाती छिटकी चाँदनी, कुन्दनी जिस्म जैसे फूली सरसों के पौधों, नौजवान सर उठाते खेतों, आमों से लदे भरे-भरे बदन वाले दरख़्तों, आसमान को छूते काफ़ूरी पहाड़ों, गंगा के ख़ामोश पाकीज़ा किनारों, सुबह-दम पानी में आग लगाते जिस्मों, रावी और चनाब की माहिया गाती हुई बेबाक मौजों, सरे-शाम हाथ में हाथ लिए सायों, मन्दिरों की ख़ामोशियों और मस्जिद के सुकून, तहज़ीब (संस्कृति) के आदाब और शहर के हंगामों ने मुझे अब वो बना दिया है जो 'मैं' हूँ।

ज़िन्दगी और हुस्न को पूजना मेरा मज़हब नहीं बल्कि सिरिश्त (स्वभाव) बन चुका है। मुहब्बत मेरी ज़रूरत नहीं फ़ितरत है और ग़ज़ल—इन्सानों की तरह ग़ज़लों की भी कई क़िस्में होती हैं, फिर हर दौर की मख़्सूस खुसूसियात (भिन्न विशेपताएँ), रस्मो-रिवाज, नफ़्सियात और मिज़ाज ग़ज़लों में रच-बस कर हमेशा के लिए महफ़ूज़ (सुरक्षित)

हो गए हैं। दो तरह की ग़ज़लें बहुत नुमायाँ (प्रचलित) रही हैं, एक वो रूप जिसमें ग़ज़ल पुर-दर्द, पुर-ख़लूस, मासूम, सादा मगर ज़हीन, मुतफ़क्किर, पुर-वक़ार घरेलू शहज़ादी नज़र आती है और अपने दूसरे रंग में शोख़, बेबाक, दुनिया-दार बल्कि मुल्को-बाज़ार 'पीती-पिलाती', बुरी सोहबतों में इठलाती, कोठों पर घुँघरू छनकाती है। मैंने हमेशा फ़िक्रो-जज़्बे (विचार तथा भाव) के शहज़ादों को इसी घरेलू शहज़ादी से वफ़ादारी का दर्स (उपदेश) दिया है। मैंने हमेशा ये चाहा है कि मेरे दर्द के मासूम शहज़ादे आधी रात को कोठे के ज़ीनों पर न लुढ़कें और मैं अपनी इस कोशिश में कामयाब भी रहा हूँ।

सत्रहवीं सदी में जब लोग मुझे वली दकनी कहते थे, मेरे नग़मों की तान पर बरखा-बहार रुक-रुक जाती थी, तब ही मुझे मालूम हो गया था कि मुफ़लिसी सब बहार के साथ मर्द का एतिबार भी खो देती है। अठारहवीं सदी अपनी 'निशाते-खुमार आगीं' के बावजूद इन्सानों के लहू से रंगीन है। वो शहज़ादियाँ कि जिनकी ख़ाके-पा कल तक जवाहर थी, उन्हीं की आँखों में सिलाइयाँ फिरती मैंने देखी हैं। अपनी बर्बादी और अपनी बस्तियों की ताराजी (विनाश) के अह्वाल जब किसी ने पूछे तो मेरा आँसू यूँ सूरते-शेर 'मीर' की आँखों से टपक पड़ा :

"आँखों से पूछा हाल दिल का
इक बूँद टपक पड़ी लहू की"

कई सदियाँ मेरी हैरती आँखों को छूते गुज़र गई हैं। मेरे मरने से पहले ही मेरा दूसरा जनम हो गया है। इसलिए एक-एक लम्हे का हिसाब मेरे पास है। कभी मेरे एक जनम की उम्र सौ साल के क़रीब है और जब मुझे लोग यक़ीन कहते थे तो ऐन आलमे-जवानी (युवावस्था) में मेरा क़त्ल हुआ है। मैंने हमेशा ज़िन्दगी की अज़्मत, तक़द्दुस (पवित्रता) और अहमियत का पास किया है। मेरे मुतफ़क्किर (चिन्तनशील) पिरामिड, हर रंग में सहर करने वाले अश्आर (शेरों) ने दुखी और बेआसरा अवाम से लेकर क़िला-ए-मुअल्ला (शासनाध्यक्ष) की सरासीमा (उद्विग्न), ग़मों में डूबी शहज़ादियों को जीने का आसरा दिया है। और जब मैं खुद बहक गया हूँ तो ज़िन्दगी के सारे दुख-दर्द, उम्मीदें, हरकतें जामे-शराब में डुबो

दी हैं। मेरे उस दाग़ ने लाखों कोठों की रातें चौथाई सदी से ज़्यादा झूठी रौशनी से रौशन रखी हैं। लेकिन उस रात की सुबह बड़ी अज़ीयत-नाक (पीड़ादायक) हुई। हज़ारों रौशन दिन मेरे यहाँ रात होकर गुज़र गए थे, आँखें रौशनी भूल चुकी थीं, जिस्म अमल के क़ाबिल क्या रहता, अय्याशी के लायक़ भी न रहा था। सन् 1857 ई. की चोट ने सारी अक़्लो-फ़हम, याददाश्त, सब सल्ब (नष्ट) कर ली थी कि उन अँधेरों में खुलने वाली आँखों के आगे किसी ने दहकता हुआ सूरज रख दिया। ये सूरज हालात का था। उन दिनों मैं 'हाली' हो गया था। सारी इश्क़-बाज़ी, हुस्न-परस्ती और अहसासे-जमाल (सौन्दर्यानुभूति) काफ़ूर हो चुका था। खुद पर एतिमाद नहीं आ रहा था, लेकिन मैंने सोचा, हालात और ज़िन्दगी से अक़्ली-समझौता किया। हरचन्द कि मग़रिबी इक़्तिदार (ब्रिटिश शासन), तहज़ीब, इल्मो-अदब की तवाना (समृद्ध) रौशनियों ने बिल्कुल पथरा दिया था, मगर मैंने वो आँखें जो बन्द हो-हो जाती थीं बड़े इरादे से खोलीं और बार-बार खोलीं। धीरे-धीरे ज़िन्दगी का ताज़ा लहू क़तरा-क़तरा फिर दिल की सूरत जमुअ होने लगा।

मैं जज़्बा-ए-वतन में दीवाना हुआ फिर मेरे दर्दे-बेकराँ, खुदी, खुद-शनासी और इन्सान-दोस्ती ने मुझे सारे जहाँ का बना दिया। उस वक़्त भी हमेशा की तरह मेरे कई रूप थे। मेरा दुखा हुआ दिल ज़िन्दगी के न समझ में आने वाले मुअम्मों (पहेलियों) को हल कर रहा था। ज़िन्दगी की शराब के एक दौर के बाद जब मैं मैकदा-ए-वक़्त से बाहर निकला तो दुनिया ही बदल चुकी थी। उन्हीं दिनों मुझे अपनी नायाबी (गुमशुदगी) का अहसास हो रहा था कि इतना सबकुछ लुट-पिट जाने के बावजूद मैं वो 'हम' हूँ जिसे लोग मुल्कों-मुल्कों ढूँढ़ेंगे।

हर दौर में मेरी खुशबू के कई रंग रहे हैं, इन दिनों भी कई हैं। सबके नाम तो जुदा हैं लेकिन काम जुदा नहीं। इन्हीं में से एक का नाम बशीर 'बद्र' भी है।

इस वक़्त जाने कितने एतिमाद (विश्वास) फ़रेब (भ्रम) हो रहे हैं और कितने फ़रेब एतिमाद हो गए हैं। वो शामें जो तारीख़ के सफ़हात (इतिहास के पृष्ठों) में सो रही हैं, आँखों में फिरा करती हैं। वो सुबहें जो आने वाली हैं, पलकों की चिलमनों से छुप-छुप कर झाँक रही हैं।

आज भी इस मुल्क में मस्जिदों और मन्दिरों की अज़ानों और घंटियों की सदाओं पर सुबह होती है। सोते हुए देहात और खेत के रास्ते जाग पड़ते हैं। आँख मलते हुए पनघट चूड़ियों की झँकार पर बेदार (जागृत) होते हैं। और शहर ऐसे चौंक कर बेदार होते हैं जैसे किसी डरावने ख़्वाब में आँख खुल गई हो। मिलों से लोग आते हैं, मिलों को लोग जाते हैं। ऊँघते चाय-ख़ाने मुँह धोने लगते हैं। गंगा के पुर-सुकून पानी में अब भी आतिशे-गुल भड़कती है। थोड़ी ही देर में दफ़्तरों के रास्ते भर ज़ाते हैं। ज़िन्दगी के फूल और तितलियाँ स्कूलों की जानिब उड़ते दिखाई देते हैं। तमाम दिन लोहे और पत्थर का बोझ उठाए इन्सान 'बदहवास' रहता है। आज के इन्सान की बदहवासी अपने हवास पाने की जुस्तजू (खोज) में है। ये तेज़ी और ये दौड़ सुकून की तलाश में है। रह-रहकर इन्सान आज भी अपना दुश्मन हो जाता है। साइन्स ने अपनी तमाम बरकतों के साथ मौत को और ज़्यादा क़वी (शक्तिशाली), हमागीर (सर्वव्यापी) और किसी भी लम्हे सारी दुनिया पर मुसल्लत (आच्छादित) हो जाने के क़ाबिल बना दिया है। ये अहसास भी आज इन्सान की फ़ितरत में हिरास (भय) बनकर हर वक़्त छुपा-छुपा रहता है।

शाम आती है, देहातों में सरे-शाम रात हो जाती है। छोटे शहरों की शाम कम-उम्र होती है, बड़े शहरों में आधी रात के क़रीब तक शाम रहती है। बहर-रंग शाम अब भी कहानियों की तरह दिन की हक़ीक़तों पर गेसू डाल देती है। लोगं शाम को कारख़ाना-ए-मेहनत से कूचा-ए-मुहब्बत की तरफ़ आते हैं। मुहब्बत हमेशा की तरह आज भी इन्सान का महबूब-तरीन (सर्वाधिक प्रिय) जज़्बा है। इस दौर में औरत और मर्द हमेशा से ज़्यादा एक-दूसरे के क़रीब आए हैं। दोनों ज़िन्दगी के कारख़ाने में एक-दूसरे का दस्तो-बाज़ू बन रहे हैं। फिर भी आज के दुखी, मश्कूक (संदिग्ध), कम-एतिमाद, बदहवास और अपनी ही तेज़-रफ़्तारी से घबराए और थके हुए इन्सान को हमेशा से ज़्यादा ग़ज़लिस्तान की आरज़ू है।

इस दौर के यही रोज़ो-शब (दिन-रात), यही सुख-दुःख हैं। शेरो-अदब पर इन्हीं की परछाइयाँ पड़ रही हैं। ग़ज़ल ने हमेशा की तरह, बल्कि हमेशा से कहीं ज़्यादा आज अपने मुल्क, अपनी दुनिया और मौजूदा

ज़िन्दगी की पूरी तरह रहनुमाई की है। इसे जहाँ सर्दियों की रातों में अलाव के गिर्द बैठकर तेरे-मेरे क़िस्सों में दिलों के ग़म सुनने के मौक़े मिले हैं, जहाँ इसने खेतों को सर झुकाए उदास देखा है, शहरों के मासूम बच्चों को फ़िक्र में बूढ़ा होते पाया है; वहीं आलमी-अदब (विश्व-साहित्य) की जाविदाँ तहरीकात, अहसासात और उनकी कहानियों के किरदारों के दुखों और हसरतों की पुरनम आँखें भी देखी हैं।

दर-हक़ीक़त इस वक़्त सारी दुनिया एक हो गई है। मेरा वतन, मेरा अज़ीज़ वतन, मेरी ही दुनिया का एक हिस्सा है। मैं अदब, तहज़ीब और कल्चर को मश्रिक़ी और मग़रिबी मानते हुए एक-दूसरे की ज़िद (विपरीत) नहीं मानता। आज की दुनिया इन्सानियत का एक तनावर दरख़्त है जिसमें हज़ारों छोटी-बड़ी शाख़ें हैं। हर शाख़ गोया एक मुल्क है, मेरा वतन भी इसी तनावर दरख़्त की सरसब्ज़ और दिलकश-तरीन (सर्वाधिक आकर्षक) शाख़ है, जो मुझे अज़ीज़तर है। लेकिन मुझे और शाख़ों बल्कि पत्ते-पत्ते से मुहब्बत है और जो मेरे वतन और मेरी दुनिया का दुश्मन है, वो मेरा और इन्सानियत का दुश्मन है। मेरी दुनिया में जो कुछ होता है मैं उससे ग़ैर-मुतअल्लिक़ (असम्बद्ध) नहीं हूँ। इसलिए दुनिया के तमाम मुआमलात जिनमें शायर और अदीब का फ़र्ज़ पुकारता है, ग़ज़ल पूरे अदबी-मिज़ाज और वक़ार के साथ आवाज़ पर आवाज़ देती है। यहाँ मैंने अदबी-मिज़ाज और वक़ार इसलिए कहा कि आला शायरी किसी मक़सद और ख़ास तौर पर सियासी और मज़हबी मक़सद के हुसूल (प्राप्ति) का ज़रिया नहीं बन सकती। फिर ग़ज़ल तो और भी ज़्यादा मुहज़्ज़ब (सुसंस्कृत), मोहतात (सतर्क) और हस्सास (संवेदनशील) है। बहरहाल हुस्नो-इश्क़ के हर रंग और हर जलवे को ग़ज़ल ने जाविदानी (नित्यता) बख़्शी है। साथ ही साथ ग़ज़ल में फ़ल्सफ़ा, तहज़ीब, तारीख़, अस्री रुज्हानात (युगीन अपेक्षाएँ) और कभी-कभी सियासत और बैनलअक़्वामी मसाइल (अन्तर्राष्ट्रीय समस्याओं) की जो परछाइयाँ उभरी हैं वो हक़ीक़त से कम रौशन नहीं हैं।

बशीर 'बद्र'

यह लेख 'मैं...मेरा फ़न' के शीर्षक से सम्पादक नरेन्द्र निश्चल के रिसाला 'महवर देहली' में 1962 में छपा था और उस जमाने में बहुत चर्चित हुआ था। प्रस्तुत लेख बग़ैर किसी तब्दीली के उसी लेख का एक हिस्सा है। —प्रदीप 'साहिल'

ग़ज़लें

जो कहूँगा सच कहूँगा, यही फ़ैसला किया है
जो लिखूँगा सच लिखूँगा, यही फ़ैसला किया है

बड़ा दिल-फ़रेब[1] होगा यहाँ पतझड़ों का मौसम
किसी शाख़ पर खिलूँगा, यही फ़ैसला किया है

तू बहुत दहक रहा है, तू बहुत चमक रहा है
तिरे होंठ चूम लूँगा, यही फ़ैसला किया है

वो हवा ज़रूर आए, मिरी रात साथ लाए
मैं चराग़ हूँ जलूँगा, यही फ़ैसला किया है

सरे-शाम तेरे आँसू जो ज़रा छलक पड़ेंगे
उन्हें रात भर चुनूँगा, यही फ़ैसला किया है

जो बहुत क़दीम[2] होगा, जो बहुत जदीद[3] होगा
उसे सबसे छीन लूँगा, यही फ़ैसला किया है

तिरी दोस्ती के सदक़े, तिरी दुश्मनी के क़ुरबाँ
मैं यहीं जिऊँ-मरूँगा, यही फ़ैसला किया है

---

1. मन को मोह लेने वाला, 2. पुराना, 3. आधुनिक

आग लहरा के चली है इसे आँचल कर दो
तुम मुझे रात का जलता हुआ जंगल कर दो

चाँद-सा मिस्रा[1] अकेला है मिरे काग़ज़ पर
छत पे आ जाओ मिरा शेर मुकम्मल कर दो

मैं तुम्हें दिल की सियासत[2] का हुनर देता हूँ
अब उसे धूप वना दो, मुझे बादल कर दो

अपने आँगन की उदासी से ज़रा बात करो
नीम के सूखे हुए पेड़ को संदल[3] कर दो

तुम मुझे छोड़ के जाओगे तो मर जाऊँगा
यूँ करो, जाने से पहले मुझे पागल कर दो

---

1. शेर की कोई एक पंक्ति, 2. राजनीति, 3. चंदन

सर-सर हवा में सरके है संदल[1] की ओढ़नी
झुक-झुक पलक को चूमे है काजल की ओढ़नी

मुद्दत के बाद धूप की खेती हरी हुई
अब के बरस बरस गई बादल की ओढ़नी

मौसम से मिलता-जुलता तुम्हारा मिज़ाज है
भारी कभी दिलाई, कभी हलकी ओढ़नी

कोहरे की वादियों में उतरने लगी है रात
फिर सर्दियों ने ओढ़ ली कम्बल की ओढ़नी

रेशम की चादरों-सी वो चिकनी पहाड़ियाँ
कल धूप की ढलान से क्या ढलकी ओढ़नी

ये आज है, तू आज की चादर तलाश कर
अच्छे दिनों के वास्ते रख कल की ओढ़नी

कितने लिबास शहर बदलता है शाम तक
हर रात झिलमिलाती है जंगल की ओढ़नी

कारों से झाँकते हुए ख़ुशबू के पैरहन[2]
पैदल के वास्ते वही डीज़ल की ओढ़नी

पागल-सी एक लड़की ने शायर बना दिया
ये शायरी भी है उसी पागल की ओढ़नी

शायर को ताजो-तख़्त खुदा ने अता[3] किए
ख़्वाजा-सरा[4] ने ओढ़ी झलाझल की ओढ़नी

---

1. चन्दन 2. लिबास, 3. प्रदान, 4. हीजड़ा

बरस भी जाओ कभी बारिशों की रहमत हो
हज़ार दूर रहो तुम मिरी मुहब्बत हो

ज़रा हँसो कि यही धूप फूल बरसाए
तुम्हें ख़बर नहीं तुम कितनी ख़ूबसूरत हो

मैं तुमको ढूँढ़ रहा हूँ हज़ार जनमों से
मिलो, मिलो-न-मिलो तुम मिरी अमानत हो

उसे बुलाओ जहाँ बारिशों का नाम न हो
उसे बुलाओ जहाँ बारिशों की शिद्दत[1] हो

सफ़र सफ़र है, हमेशा सफ़र में याद रहे
तुम ऐतिबार किसी का, किसी की इज़्ज़त हो

---

1. तीव्रता, आधिक्य,

भोपाल की ग़ज़ल ने वो तरज़ें निकालियाँ
ख़्वाजा के दर पे बैठी हैं अब दिल्ली वालियाँ

मौला अली के सदक़े में दो ग़ज़लें बच गईं
पी-एच.डीयाँ ख़ुदा की क़सम चार सालियाँ

सदियों से एक बच्ची भटकती है रात में
यादों के ताक़ पर कहाँ रखी हैं बालियाँ

बेसाख़्ता[1] ग़ज़ल में तिरा नाम आ गया
हम से लिपट-लिपट गईं फूलों की डालियाँ

उर्दू के बाल-बाल में मोती पिरो गईं
अम्मी की जूतियाँ, मिरे अब्बू की गालियाँ

---

1. अनायास, ख़ुद-बख़ुद

रात आँखों में ढली, पलकों पे जुगनू आए
हम हवाओं की तरह जाके उसे छू आए

उसका दिल दिल नहीं पत्थर का कलेजा होगा
जिसको फूलों का हुनर, आँसू का जादू आए

बस गई है मिरे अहसास में ये कैसी महक
कोई ख़ुशबू मैं लगाऊँ तिरी ख़ुशबू आए

ख़ूबसूरत हैं बहुत दुनिया के झूठे वादे
फूल काग़ज़ के लिए काँच के बाज़ू आए

उसने छू कर मुझे पत्थर से फिर इन्सान किया
मुद्दतों बाद मिरी आँख में आँसू आए

अजब मौसम है मिरे हर क़दम पे फूल रखता है
मुहब्बत में मुहब्बत का फ़रिश्ता साथ चलता है

हर आँसू में कोई तस्वीर अकसर झिलमिलाती है
तुम्हें आँखें बतायेंगी दियों में कौन जलता है

मैं जब सो जाऊँ इन आँखों पे अपने होंठ रख देना
यक़ीं आ जाएगा पलकों तले भी दिल धड़कता है

बहुत से काम रुक जाते हैं, मैं बाहर नहीं जाता
तुम्हारी याद का लम्हा कहाँ टाले से टलता है

मुहब्बत ग़म की बारिश है ज़मीं सरसब्ज़[1] होती है
बहुत से फूल खिलते हैं जहाँ बादल बरसता है

1. हरी-भरी

मैं तो काग़ज़ों का गुलाब था, सरे-शाम ख़ुशबू से भर गया
मैं कहाँ हूँ मुझको ख़बर नहीं, मुझे कौन छू के गुज़र गया

वो पहाड़ियों की उदास लड़की सुना है शहर चली गई
यहाँ हादिसा भी अजब हुआ कोई चाँद ज़हर खा के मर गया

ये गुलाब भी मिरा अक्स[1] है, ये सितारा भी मिरा नक़्श[2] है
मैं कभी ज़मीन में दफ़्न हूँ, कभी आसमाँ से गुज़र गया

मैं उदास चाँद का बाग़ हूँ, मैं ही मौसमों का सुराग़ हूँ
मिरी शाख़-शाख़ हरी रही, मिरा फूल-फूल बिखर गया

---

1. प्रतिबिम्ब, 2. चिन्ह

आँसुओं में रची ख़ुशी की तरह
रिश्ते होते हैं शायरी की तरह

जब कभी बादलों में घिरता है
चाँद लगता है आदमी की तरह

सब नज़र का फ़रेब[1] होता है
कोई होता नहीं किसी की तरह

मुस्कुराता-सा कोई शेर कहो
ज़िन्दगी की हँसी-ख़ुशी की तरह

ख़ूबसूरत, ज़हीन, बच्चों सा
वो हैं इक्कीसवीं सदी की तरह

1. भ्रम, धोखा

चल-चल के रुके, रुक-रुक के चले, जो दिल ने कहा वो हमने किया
सब की मानी, पर शाम ढले, जो दिल ने कहा वो हमने किया

फल-फूल रखें उन क़दमों पर जो सूरज के घर जाते हैं
ये बात कभी उतरी न गले, जो दिल ने कहा वो हमने किया

मौसम के दीनों-मज़्हब को हमने अपना मज़हब जाना
फूलों के बदन पलकों से मले, जो दिल ने कहा वो हमने किया

रौशन-रौशन शाख़ों पे खिले, जब शाम ढली ताक़ों[1] में जले
मोती चमके पलकों के तले, जो दिल ने कहा वो हमने किया

मटकी, माखन, गागर छन-छन, रिमझिम-रिमझिम बरसे सावन
सुन्दर-सुन्दर गोदों में पले, जो दिल ने कहा वो हमने किया

1. दीवार में बना छोटा महराबदार खोल

तितलियों का मुझे टूटा हुआ पर[1] लगता है
दिल पे वो नाम भी लिखते हुए डर लगता है

रात आई तो सितारों भरी चादर तानी
ख़ूबसूरत मुझे सूरज का सफ़र लगता है

ये भी सोते हुए बच्चे की तरह हँसता है
आग में फूल फ़रिश्तों का हुनर लगता है

ज़िन्दगी तूने मुझे क़ब्र से कम दी है ज़मीं
पाँव फैलाऊँ तो दीवार में सर लगता है

मैं तिरे साथ सितारों से गुज़र सकता हूँ
कितना आसान मुहब्बत का सफ़र लगता है

---

1. पंख

अजनबी पेड़ों के साये में मुहब्बत है बहुत
घर से निकलो तो ये दुनिया ख़ूबसूरत है बहुत

रात तारों से उलझ सकती है, ज़र्रों से नहीं
रात को मालूम है जुगनू में हिम्मत है बहुत

मुख़्तसर[1] बातें करो, बेजा[2] वज़ाहत[3] मत करो
इस नई दुनिया के बच्चों में ज़हानत[4] है बहुत

किसलिए हम दिल जलायें, रात-दिन मेहनत करें
क्या ज़माना है, बुरे लोगों की इज़्ज़त है बहुत

सात सन्दूक़ों में भर कर दफ़्न कर दो नफ़रतें
आज इन्साँ को मुहब्बत की ज़रूरत है बहुत

लोग ज़िम्मेदारियों की क़ैद से आज़ाद हैं
शहर की मसरूफ़ियत[5] में घर से फ़ुर्सत है बहुत

धूप से कहना मुझे किरनों का कम्बल भेज दे
ग़ुर्बतों[6] का दौर है, जाड़े की शिद्दत है बहुत

सच अदालत से सियासत तक बहुत मसरूफ़[7] है
झूठ बोलो, झूठ में अब भी मुहब्बत है बहुत

---

1. संक्षिप्त, 2. असंगत, बेकार, 3. विस्तार, 4. समझदारी 5. व्यस्तता, कार्य-भार, 6. निर्धनता, ग़रीबी, 7. व्यस्त

तिरी जन्नत से हिज्रत[1] कर रहे हैं
फ़रिश्ते क्या बग़ावत कर रहे हैं

हम अपने जुर्म[2] का इक़रार कर लें
बहुत दिन से ये हिम्मत कर रहे हैं

वो ख़ुद हारे हुए है ज़िन्दगी से
जो दुनिया पर हुकूमत कर रहे हैं

ज़मीं भीगी हुई है आँसुओं से
यहाँ बादल इबादत कर रहे हैं

फ़िज़ा[3] में आयतें महकी हुई हैं
कहीं बच्चे तिलावत[4] कर रहे हैं

परिन्दों के ज़मीनो-आसमाँ क्या
वतन में रह के हिज्रत कर रहे हैं

मैं अपने भाइयों से मुख़्तलिफ़[5] हूँ
वो मौसम की शिकायत कर रहे हैं

हमारी बेबसी[6] की इन्तिहा[7] है
कि ज़ालिम की हिमायत[8] कर रहे हैं

---

1. प्रस्थान, 2. अपराध, 3. वातावरण, 4. क़ुरान का पाठ 5. भिन्न, अलग, 6. मजबूरी, विवशता, 7. चरमोत्कर्ष, पराकाष्ठा, 8. समर्थन, तरफ़-दारी

मैं कब कहता हूँ वो अच्छा बहुत है
मगर उसने मुझे चाहा बहुत है

ख़ुदा इस शहर को महफ़ूज़[1] रक्खे
ये बच्चों की तरह हँसता बहुत है

मैं तुझसे रोज़ मिलना चाहता हूँ
मगर इस राह में ख़तरा बहुत है

मिरा दिल बारिशों में फूल जैसा
ये बच्चा रात में रोता बहुत है

इसे आँसू का इक क़तरा[2] न समझो
कुआँ है, और ये गहरा बहुत है

---

1. सुरक्षित, 2. जल-कण, बूँद

‘बद्र’, ‘बशीर’ सुख़नवर, नाच गली में बन्दर, अली दा मस्त क़लन्दर
शाह, वज़ीर, सिकन्दर, सब माटी के अन्दर, अली दा मस्त क़लन्दर

क्या लिखना, क्या पढ़ना, पापी पेट का भरना, बाबा सबसे डरना
क्या कॉलिज, क्या दफ़्तर! जाहिल, टीचर, अफ़सर, अली दा मस्त क़लन्दर

मजबूरी, लाचारी, मुँह देखे बेचारी, जानी माँसाहारी
छोड़ चुके तरकारी, सेब, अनार, चुक़न्दर, अली दा मस्त क़लन्दर

‘मीरी’ और ‘कबीरी’ नाम मिज़ाज बशीरी, यानी वही फ़क़ीरी
सोना, चाँदी, ज़ेवर, ले जा जानी दिलबर, अली दा मस्त क़लन्दर

‘फ़ैज़’ ‘फ़िराक़’ सवारी, ‘फ़ारूक़ी’ सरकारी, चल ‘बेकल’ दरबारी
दंगल अटल बिहारी अलख निरंजन मंतर, अली दा मस्त क़लन्दर

आग को गुलज़ार कर दे, बर्फ़ को दरिया करे
देखने वाला तिरी आवाज़ को देखा करे

उसकी रहमत ने मिरे बच्चे के माथे पर लिखा
इस परिन्दे के परों में आसमाँ सजदा करे

एक मुट्ठी ख़ाक थे हम एक मुट्ठी ख़ाक हैं
उसकी मर्ज़ी है हमें सहरा करे दरिया करे

दिन का शहज़ादा मिरा मेहमान है, आए ज़रूर
रात का भूला मुसाफ़िर भी यहाँ ठहरा करे

आज पाकिस्तान की इक शाम याद आई बहुत
क्या ज़रूरी है कि बेटी बाप से पर्दा करे

इबादतों की तरह मैं ये काम करता हूँ
मिरा उसूल है पहले सलाम करता हूँ

मुख़ालिफ़त[1] से मिरी शख़्सियत संवरती है
मैं दुश्मनों का बड़ा अहतिराम[2] करता हूँ

मैं डर गया हूँ बहुत सायादार पेड़ों से
ज़रा-सी धूप बिछाकर क़याम[3] करता हूँ

मैं अपनी जेब में अपना पता नहीं रखता
सफ़र में सिर्फ़ यही अहतिमाम[4] करता हूँ

मुझे खुदा ने ग़ज़ल का दयार[5] बख़्शा है
ये सल्तनत[6] मैं मुहब्बत के नाम करता हूँ

1. विरोध, वैमनस्य, 2. सम्मान, 3. निवास, 4. प्रबन्ध, 5. क्षेत्र, 6. साम्राज्य

परखना मत, परखने में कोई अपना नहीं रहता
किसी भी आईने में देर तक चेहरा नहीं रहता

बड़े लोगों से मिलने में हमेशा फ़ासिला रखना
जहाँ दरिया समन्दर में मिला; दरिया नहीं रहता

हज़ारों शेर मेरे सो गए काग़ज़ की क़ब्रों में
अजब माँ हूँ, कोई बच्चा मिरा ज़िन्दा नहीं रहता

मुहब्बत एक ख़ुशबू है, हमेशा साथ चलती है
कोई इन्सान तनहाई में भी तनहा नहीं रहता

कोई बादल नये मौसम का फिर ऐलान करता है
ख़िज़ाँ[1] के बाग़ में जब एक भी पत्ता नहीं रहता

तुम्हारा शहर तो बिल्कुल नये अंदाज़ वाला है
हमारे शहर में भी अब कोई हम-सा नहीं रहता

---

1. पतझड़

नाम, उसी का नाम, सवेरे-शाम लिखा
शेर लिखा या ख़त, उसको गुमनाम लिखा

उस दिन पहला फूल खिला जब, पतझड़ ने
पत्ती-पत्ती जोड़ के तेरा नाम लिखा

उस बच्चे की कॉपी अकसर पढ़ता हूँ
सूरज के माथे पर जिसने शाम लिखा

कैसे दोनों वक़्त गले मिलते हैं रोज़
ये मंज़र[1] मैंने दुश्मन के नाम लिखा

हिन्दुस्तान का मज़हब दिल का मज़हब है
प्यार को पूजा, चाहत को इस्लाम लिखा

मन्दिर-मस्जिद पानी की दीवारें हैं
पानी की दीवार पे किसने नाम लिखा

'मीर' 'कबीर' 'बशीर' इसी मक्तब[2] के हैं
आ दिल के मक्तब में अपना नाम लिखा

---

1. दृश्य 2. पाठशाला, विद्यालय

आईना धूप का दरिया में दिखाता है मुझे
मेरा दुश्मन मिरे लहजे में बुलाता है मुझे

आँसुओं से मिरी तहरीर[1] नहीं मिट सकती
कोई काग़ज़ हूँ कि पानी से डराता है मुझे

सर पे सूरज की सवारी मुझे मंज़ूर नहीं
अपना क़द धूप में छोटा नज़र आता है मुझे

रोज़ कहता है कि गिरती हुई दीवार हूँ मैं
एक बादल है जो रह-रह के डराता है मुझे

दूध पीते हुए बच्चे की तरह है दिल भी
दिन में सो जाता है, रातों को जगाता है मुझे

ख़ूबसूरत है बहुत रात की तनहाई भी
सात रंगों में तिरा दर्द सजाता है मुझे

1. लिखा हुआ

सर से चादर, बदन से क़बा[1] ले गई
ज़िन्दगी हम फ़क़ीरों से क्या ले गई

मेरी मुट्ठी में सूखे हुए फूल हैं
खुशबुओं को उड़ा कर हवा ले गई

मैं समन्दर के सीने में चट्टान था
रात इक मौज आई बहा ले गई

हम तो काग़ज़ थे आँसू से भीगे हुए
क्यों चराग़ों की लौ तक हवा ले गई

मेरी शौहरत सियासत[2] से महफ़ूज़[3] है
ये तवायफ़ भी इस्मत[4] बचा ले गई

चाँद ने रात मुझको जगा कर कहा
एक लड़की तुम्हारा पता ले गई

---

1. चोग़ा, फ़क़ीरों-सन्तों का पहनावा 2. राजनीति, जोड़-तोड़ की पद्धति, 3. सुरक्षित, 4. आबरू, मर्यादा

ये ज़र्द[1] पत्तों की बारिश मिरा ज़वाल[2] नहीं
मिरे बदन पे किसी दूसरे की शाल नहीं

उदास हो गई इक फ़ाख़्ता[3] चहकती हुई
किसी ने क़त्ल किया है, ये इन्तिक़ाल[4] नहीं

तमाम उम्र ग़रीबी में बावक़ार[5] रहे
हमारे अहद[6] में ऐसी कोई मिसाल नहीं

मैं आसमान का टूटा हुआ सितारा हूँ
कहाँ मिली थी ये दुनिया, मुझे ख़याल नहीं

वो लाशरीक[7] है, उसका कोई शरीक कहाँ
वो बेमिसाल है, उसकी कोई मिसाल नहीं

कोई ख़ुशी हो, मैं अपनी हदों में रहता हूँ
मिरा मलाल[8] भी हद से सिवा[9] मलाल नहीं

1. पीला, 2. पतन, 3. कबूतरी, 4. सामान्य मृत्यु, 5. प्रतिष्ठित, आदरणीय, 6. समय, काल
7. असम्बद्ध, 8. अफ़सोस, खेद, 9. अधिक

ये कसक दिल की दिल में चुभी रह गई
ज़िन्दगी में तुम्हारी कमी रह गई

एक मैं, एक तुम, एक दीवार थी
ज़िन्दगी आधी-आधी बँटी रह गई

रात की भीगी-भीगी छतों की तरह
मेरी पलकों पे थोड़ी नमी रह गई

मैंने रोका नहीं, वो चला भी गया
बेबसी दूर तक देखती रह गई

मेरे घर की तरफ़ धूप की पीठ थी
आते-आते इधर चाँदनी रह गई

है अजीब शहर की ज़िन्दगी, न सफ़र रहा, न क़याम[1] है
कहीं कारोबार-सी दोपहर, कहीं बद-मिज़ाज सी शाम है

कहाँ अब दुआओं की बरकतें, वो नसीहतें, वो हिदायतें
ये ज़रूरतों का ख़ुलूस[2] है, ये मुतालबों[3] का सलाम है

यूँ ही रोज़ मिलने की आरज़ू[4], बड़ी रख-रखाव की गुफ़्तगू[5]
ये शराफ़तें नहीं बेग़रज़[6], उसे आपसे कोई काम है

वो दिलों में आग लगाएगा, मैं दिलों की आग बुझाऊँगा
उसे अपने काम से काम है, मुझे अपने काम से काम है

न उदास हो, न मलाल कर, किसी बात का न ख़याल कर
कई साल बाद मिले हैं हम, तिरे नाम आज की शाम है

कोई नग़मा धूप के गाँव-सा, कोई नग़मा शाम की छाँव-सा
ज़रा इन परिन्दों से पूछना, ये कलाम किसका कलाम है

---

1. निवास, 2. आत्मीय-भाव, 3. तक़ाज़ों, 4. इच्छा, कामना 5. बातचीत, वार्तालाप, 6. अकारण, निस्वार्थ

मैं ज़मीं-ता-आसमाँ[1] वो क़ैद आतिशदान[2] में
धूप रिश्ता बन गई सूरज में और इन्सान में

मैं बहुत दिन तक चमकती धूप का आँगन रहा
एक दिन फिर यूँ हुआ शाम आ गई दालान में

किसके अन्दर क्या छुपा है कुछ पता चलता नहीं
तेल की दौलत मिली वीरान रेगिस्तान में

शक्ल, सूरत, नाम, पहनावा, ज़ुबाँ अपनी जगह
फ़र्क़ वरना कुछ नहीं इन्सान और इन्सान में

इन नई नस्लों ने सूरज आज तक देखा नहीं
रात हिन्दुस्तान में है, रात पाकिस्तान में

---

1. ज़मीन से आसमान तक, 2. भट्ठी, बड़ी-सी अँगीठी

अब तेरे मेरे बीच कोई फ़ासिला भी हो
हम लोग जब मिलें तो कोई दूसरा भी हो

तू जानता नहीं मिरी चाहत अजीब है
मुझको मना रहा है, कभी ख़ुद ख़फ़ा भी हो

तू बेवफ़ा नहीं है, मगर बेवफ़ाई कर
उसकी नज़र में रहने का कुछ सिलसिला भी हो

पतझड़ में टूटते हुए पत्तों के साथ-साथ
मौसम कभी तो बदलेगा, ये आसरा भी हो

चुपचाप उसको बैठ के देखूँ तमाम रात
जागा हुआ भी हो कोई सोया हुआ भी हो

उसके लिए तो मैंने यहाँ तक दुआयें कीं
मेरी तरह से कोई उसे चाहता भी हो

इतनी सियाह[1] रात में किसको सदायें[2] दूँ
ऐसा चराग़ दे जो कभी बोलता भी हो

---

1. काली, अंधकार मयी, 2. आवाजें

मैं घना अँधेरा हूँ, आज मेरी पलकों पर जुगनुओं के घर रख दो
ख़ुशबुओं से नहला दो इन सुलगती पलकों पर तितलियों के पर[1] रख दो

मैं भी इक शजर[2] ही हूँ जिसपे आज तक शायद फूल-फल नहीं आए
तुम मिरी हथेली पर एक रात चुपके से बर्फ़ के समर[3] रख दो

धूप का हर इक बजरा आग के समन्दर में चल पड़े हमें लेने
नर्म-नर्म होंठों से बन्द होती पलकों पर तितलियों के पर रख दो

चाहे कोई मौसम हो, दिन गई बहारों के फिर से लौट आयेंगे
एक फूल की पत्ती अपने होंठ पर रखकर मेरे होंठ पर रख दो

मेरा तन दरख़्तों में इसलिए सुलगता है, सख़्त धूप सहता है
क्या पता तुम आ निकलो और मेरे कांधों पर थक के अपना सर रख दो

रोज़ तार कटने से रात के समन्दर में शहर डूब जाता है
इसलिए ज़रूरी है कि इक दिया जलाकर तुम दिल की ताक़ पर रख दो

---

1. पंख, 2. वृक्ष, 3. फल

बेसदा[1] ग़ज़लें न लिख वीरान राहों की तरह
ख़ामुशी अच्छी नहीं आहों-कराहों की तरह

लोग होते हैं यहाँ दो-चार घंटों के लिए
ज़िन्दगी बेख़्वाब[2] है मस्रूफ़[3] राहों की तरह

तुमने दिल्ली देखी, पर दिल्ली का दुख देखा नहीं
ग़म हुकूमत कर रहे हैं कज-कुलाहों[4] की तरह

मस्जिदों में उनके दामन पर फ़रिश्तों की नमाज़
घर में रखते हैं कनीज़ें बादशाहों की तरह

हमने सब रोज़े नहीं रखे मगर उसका करम[5]
दिल में होती हैं नमाज़ें ईदगाहों की तरह

हर क़दम आँखें बिछी हैं मैं कहाँ पाँव धरूँ
रास्ता रोके हैं शाख़ें तेरी बाँहों की तरह

'बद्र' साहिब की ग़ज़ल पर रात हम रोये बहुत
जश्ने-ग़म दिल ने मनाया ख़ानक़ाहों[6] की तरह

---

1. गूंगी, बिना किसी आवाज़ के, 2. जागी हुई, 3. व्यस्त, 4. स्वाभिमानियों, 5. दया-भाव
6. पीरों-फ़क़ीरों के निवास-स्थलों

अगर यक़ीं नहीं आता तो आज़माए मुझे
वो आईना है तो फिर आईना दिखाए मुझे

अजब चराग़ हूँ, दिन-रात जलता रहता हूँ
मैं थक गया हूँ, हवा से कहो बुझाए मुझे

मैं जिसकी आँख का आँसू था, उसने क़द्र न की
बिखर गया हूँ तो अब रेत से उठाए मुझे

बहुत दिनों से मैं इन पत्थरों में पत्थर हूँ
कोई तो आए ज़रा देर तक रुलाए मुझे

मैं चाहता हूँ कि तुम ही मुझे इजाज़त दो
तुम्हारी तरह से कोई गले लगाए मुझे

उसे याद करके न दिल दुखा
जो गुज़र गया, वो गुज़र गया
कहाँ लौटकर कोई आएगा
जो गुज़र गया, वो गुज़र गया

नई सुबह है, नई शाम है,
नया शहर है, नया नाम है
जो चला गया उसे भूल जा
जो गुज़र गया, वो गुज़र गया

तिरे पास तेरा हबीब[1] है
जो नहीं मिला वो नसीब है
तिरे फूल कहते हैं मुस्कुरा
जो गुज़र गया, वो गुज़र गया

मुझे पतझड़ों की कहानियाँ
न सुना-सुना के उदास कर
नये हादिसों[2] का पता बता
जो गुज़र गया, वो गुज़र गया

---

1. प्रिय, 2. दुर्घटनाओं

कहीं धूप है कहीं चाँदनी
नहीं, दुनिया इतनी बुरी नहीं
न मलाल कर मिरे पास आ
जो गुज़र गया, वो गुज़र गया

वो वफ़ायें थीं कि जफ़ायें थीं
ये न सोच किसकी ख़तायें थीं
वो तिरा है उसको गले लगा
जो गुज़र गया, वो गुज़र गया

वो ग़ज़ल की कोई किताब था
वो गुलों में एक गुलाब था
ज़रा देर का कोई ख़्वाब था
जो गुज़र गया, वो गुज़र गया

कहीं चाँद राहों में खो गया, कहीं चाँदनी भी भटक गई
मैं चराग़ वो भी बुझा हुआ, मिरी रात कैसे चमक गई

कभी उजला-उजला सा नाम हूँ, कभी खोया-खोया कलाम[1] हूँ
मुझे सुबह किरनों से भर गई, मुझे शाम फूलों से ढक गई

तुझे भूल जाने की कोशिशें कभी कामयाब न हो सकीं
तिरी याद शाख़े-गुलाब[2] है, जो हवा चली तो लचक गई

तिरे हाथ से मिरे होंठ तक वही इन्तिज़ार की प्यास है
मिरे नाम की जो शराब थी, कहीं रास्ते में छलक गई

कभी हम मिले भी तो क्या मिले, वही दूरियाँ, वही फ़ासिले
न कभी हमारे क़दम बढ़े, न कभी तुम्हारी झिझक गई

मिरी दास्ताँ का उरूज[3] था तिरी नर्म पलकों की छाँव में
मिरे साथ था तुझे जागना तिरी आँख कैसे झपक गई

---

1. काव्य-रचना, 2. गुलाब की डाली, 3. उत्कर्ष; प्रगटन

पास से देखो जुगनू आँसू, दूर से देखो तारा आँसू
मैं फूलों की सेज पे बैठा आधी रात का तनहा आँसू

मेरी इन आँखों ने अकसर ग़म के दोनों पहलू देखे
ठहर गया तो पत्थर आँसू, बह निकला तो दरिया आँसू

प्यार अजब तलवार है जिस पर हम दोनों के नाम लिखे हैं
टहनी-टहनी कलियाँ आँसू, तेरी आँख में मेरा आँसू

अपने बचपन का क़िस्सा है, इक तस्वीर बनाई उसने
मेंहदी वाले हाथ रचे हैं, बीच हथेली टपका आँसू

मौसम की ख़ुशबू में अकसर ग़म की ख़ुशबू मिल जाती है
आमों के बाग़ों में कैसे सावन-सावन बरसा आँसू

प्यार-पंछी, सोच-पिंजरा, दोनों अपने साथ हैं
एक सच्चा, एक झूठा, दोनों अपने साथ हैं

आसमाँ के साथ हमको ये ज़मीं भी चाहिए
भोर-बिटिया, साँझ-माता, दोनों अपने साथ हैं

आग की रफ़्तार बाँधी, फूल की बारिश हुई
धूप-परबत शाम-झरना, दोनों अपने साथ हैं

ये बदन की दुनिया-दारी और मिरा दरवेश दिल
झूठ-माटी, साँच-सोना, दोनों अपने साथ हैं

वो जवानी चार दिन की चाँदनी थी, अब कहाँ
आज बचपन और बुढ़ापा, दोनों अपने साथ हैं

मेरा और सूरज का रिश्ता बाप-बेटे का सफ़र
चन्दा-मामा, गंगा-मैया, दोनों अपने साथ हैं

जो मिला वो खो गया, जो खो गया वो मिल गया
आने वाला, जाने वाला, दोनों अपने साथ हैं

खुशबू को तितलियों के परों में छुपाऊँगा
फिर नीले-नीले बादलों में लौट जाऊँगा

दीवाना-वार[1] मुझसे लिपट जाएगी हवा
मैं सुर्ख़-सुर्ख़[2] फूलों में जब मुस्कुराऊँगा

सोने के फूल-पत्ते गिरेंगे ज़मीन पर
मैं ज़र्द-ज़र्द[3] शाख़ों पे जब गुनगुनाऊँगा

धुल जायेंगी बदन पे जमी धूप की तहें
अपने लहू में आज मैं ऐसा नहाऊँगा

इक पल की ज़िन्दगी मुझे बेहद अज़ीज़ है
पलकों पे झिलमिलाऊँगा और टूट जाऊँगा

ये रात फिर न आएगी बादल् बरसने दे
मैं जानता हूँ सुबह तुझे भूल जाऊँगा

---

1. दीवानों की तरह, 2. लाल-लाल, 3. पीले-पीले

मिरे साथ तुम भी दुआ करो
यूँ किसी के हक़ में बुरा न हो
कहीं और हो न ये हादिसा[1]
कोई रास्ते में जुदा न हो

सरे-शाम ठहरी हुई ज़मीं
जहाँ आसमाँ है झुका हुआ
उसी मोड़ पर मिरे वास्ते
वो चराग़ ले के खड़ा न हो

मिरी छत से रात की सेज तक
कोई आँसुओं की लकीर है
ज़रा बढ़ के चाँद से पूछना
वो इसी तरफ़ से गया न हो

इसी अहतियात[2] में मैं रहा
इसी अहतियात में वो रहा
वो कहाँ-कहाँ मिरे साथ है
किसी और को ये पता न हो

वो फ़िराक़[3] हो कि विसाल[4] हो
तिरी आग महकेगी एक दिन
वो गुलाब बनके खिलेगा क्या
जो चराग़ बनके जला न हो

---

1. दुर्घटना, 2. सावधानी, 3. विरह, जुदाई, 4. मिलन

तू मुझसे तेज़ चलेगा तो रास्ता दूँगा
दुआ के फूल तिरी राह में बिछा दूँगा

अब इसके बाद कोई बेवफ़ा न पाओगे
मैं अपने-आप को इतनी बड़ी सज़ा दूँगा

अभी तो ज़िन्दगी हाइल[1] है तुझसे मिलने में
मैं आज रात ये दीवार भी गिरा दूँगा

लगा हुआ है मिरा फूल मेरे कॉलर पर
तिरे गुलाब को गुलदान में सजा दूँगा

वो चाँद जब मिरी पलकों पे फूल रखेगा
मैं अपने बच्चे को इक आसमाँ नया दूँगा

1. मध्यस्थ

वो महकती पलकों की ओट से, कोई तारा चमका था रात में
मिरी बन्द मुट्ठी न खोलिए, वही कोहे-नूर[1] है हाथ में

मैं तमाम तारे उठा-उठा के ग़रीब लोगों में बाँट दूँ
कभी एक रात वो आसमाँ का निज़ाम[2] दे मिरे हाथ में

अभी शाम तक मिरे बाग़ में, कहीं कोई फूल खिला न था
मुझे खुशबुओं में बसा गया, तिरा प्यार एक ही रात में

तिरे साथ इतने बहुत से दिन, यूँ पलक झपकते गुज़र गए
हुई शाम खेल ही खेल में, गई रात बात ही बात में

कभी सात रंगों का फूल हूँ, कभी धूप हूँ, कभी धूल हूँ
मैं तमाम कपड़े बदल चुका, तिरे मौसमों की बरात में

---

1. प्रकाश-पुँज, 2. व्यवस्था, संचालन

युँही बेसबब[1] न फिरा करो
कोई शाम घर भी रहा करो
वो ग़ज़ल की सच्ची किताब है
उसे चुपके-चुपके पढ़ा करो

कोई हाथ भी न मिलाएगा
जो गले मिलोगे तपाक से
ये नये मिज़ाज का शहर है
ज़रा फ़ासिले से मिला करो

अभी राह में कई मोड़ हैं
कोई आएगा, कोई जाएगा
तुम्हें जिसने दिल से भुला दिया
उसे भूलने की दुआ करो

मुझे इश्तिहार-सी लगती हैं
ये मुहब्बतों की कहानियाँ
जो कहा नहीं, वो सुना करो
जो सुना नहीं, वो कहा करो

कभी हुस्ने-पर्दानशीं[2] भी हो
ज़रा आशिक़ाना लिबास में
जो मैं बन-सँवर के कहीं चलूँ
मिरे साथ तुम भी चला करो

नहीं बेहिजाब[3] वो चाँद-सा
कि नज़र का कोई असर न हो
उसे इतनी गर्मी-ए-शौक़[4] से
बड़ी देर तक न तका करो

ये ख़िज़ाँ[5] की ज़र्द-सी शाल में
जो उदास पेड़ के पास है
ये तुम्हारे घर की बहार है
इसे आँसुओं से हरा करो

---

1. अकारण 2. पर्दे में रहने वाला सौन्दर्य, 3. निर्लज्ज, 4. प्रेमाधिक्य 5. पतझड़

फूल बरसे कहीं शबनम कहीं गौहर[1] बरसे
और इस दिल की तरफ़ बरसे तो पत्थर बरसे

बारिशें छत पे खुली जगह पर होती हैं मगर
ग़म वो सावन है जो इन कमरों के अंदर बरसे

कौन कहता है कि रंगों के फ़रिश्ते उतरें
कुछ भी बरसे मगर इस बार तो घर-घर बरसे

हम-से मजबूर का ग़ुस्सा भी अजब बादल है
अपने ही दिल से उठे, अपने ही दिल पर बरसे

---

1. मोती

कोई चराग़ नहीं है मगर उजाला है
अजीब रात है, सूरज निकलने वाला है

ग़ज़ब की आग है इक बेलिबास पत्थर पर
पहाड़ पर तिरी बरसात का दुशाला है

अजीब लहजा है दुश्मन की मुस्कुराहट का
मुझे गिराया कहाँ है, मुझे संभाला है

निकल के पास की मस्जिद से एक बच्चे ने
फ़साद में जली मूरत पे हार डाला है

तमाम वादी-ओ-सहरा में आग रौशन है
मुझे ख़िज़ाँ के इन्हीं मौसमों ने पाला है

सदियों की गठरी सर पर ले जाती है
दुनिया बच्ची बन कर वापिस आती है

मैं दुनिया की हद से बाहर रहता हूँ
घर मेरा छोटा है लेकिन ज़ाती है

दुनिया भर के शहरों का कल्चर यकसाँ[1]
आबादी, तनूहाई बनती जाती है

मैं शीशे के घर में पत्थर की मछली
दरिया की ख़ुशबू मुझमें क्यों आती है

पत्थर बदला, पानी बदला, बदला क्या
इन्साँ तो जज़्बाती का जज़्बाती है

कागज़ की कश्ती, जुगनू, झिलमिल-झिलमिल
शौहरत क्या है, इक नदिया बरसाती है

---

1. एक जैसा

ग़मों की आयतें शब भर छतों पे चलती हैं
इमाम-बाड़ों से सैदानियाँ निकलती हैं

अजीब आग है हमदर्दियों के मौसम की
ग़रीब बस्तियाँ बरसात ही में जलती हैं

उदासियों को सदा दिल के ताक़ में रखना
ये मोमबत्तियाँ हैं, फ़ुर्सतों में जलती हैं

रसोई-घर में ये अहसास रोज़ होता है
तिरी दुआओं के पंखे हवायें झलती हैं

ये उलझनें भी ज़रूरी हैं ज़िन्दगी के लिए
समन्दरों में यूँ ही मछलियाँ मचलती हैं

ख़ुश रहे या बहुत उदास रहे
ज़िन्दगी तेरे आस-पास रहे

इक परिन्दा उदास बैठा था
शाम के साये आस-पास रहे

ज़िन्दगी भी अजीब दरिया है
ज़िन्दगी भर उसी की प्यास रहे

रात के बाद रात आएगी
हाथ में चाँद का गिलास रहे

जब भी कसने लगा उतार दिया
इस बदन पर कई लिबास रहे

ज़िन्दगी के लिए ज़रूरी है
हर हक़ीक़त तले क़यास रहे

इस ज़मीं पर कई ख़ज़ाने हैं
इस ज़मीं पर ज़रा-सी घास रहे

आज हम सबके साथ ख़ूब हँसे
और फिर देर तक उदास रहे

इक सितारे के इन्तिज़ार में गुम
शाख़ पर फूल वद-हवास रहे

इक चेहरा साथ-साथ रहा, जो मिला नहीं
किसको तलाश करते रहे, कुछ पता नहीं

आख़िर ग़ज़ल का ताज महल भी है मक़बरा
हम ज़िन्दगी थे, हमको किसी ने जिया नहीं

तारीकियों[1] में और चमकती है दिल की धूप
सूरज तमाम रात यहाँ डूबता नहीं

शिद्दत[2] की धूप, तेज़ हवाओं के बावजूद
मैं शाख़ से गिरा हूँ, नज़र से गिरा नहीं

जिसकी मुख़ालिफ़त[3] हुई, मशहूर हो गया
इन पत्थरों से कोई परिन्दा गिरा नहीं

किसने जलाईं बस्तियाँ, बाज़ार क्यों लुटे
मैं चाँद पर गया था मुझे कुछ पता नहीं

1. अँधेरों, 2. तीव्रता, 3. विरोध

वो शाख़ है न फूल, अगर तितलियाँ न हों
वो घर भी कोई घर है जहाँ बच्चियाँ न हों

पलकों से आँसुओं की महक आनी चाहिए
ख़ाली है आसमान अगर बदलियाँ न हों

दुश्मन को भी खुदा कभी ऐसा मकाँ न दे
ताज़ा हवा की जिसमें कहीं खिड़कियाँ न हों

मैं पूछता हूँ मेरी गली में वो आए क्यों
जिस डाकिये के पास तिरी चिट्ठियाँ न हों

अच्छी आँखें सच्चे दिल पूजा करें
आ सनम-ख़ानों में हम सजदा करें

फूल जैसे ख़ूबसूरत ज़ख़्म हैं
ज़िन्दगी से क्या गिला-शिकवा करें

जब वो आएगा, ज़माना आएगा
हम अकेले हैं, अकेले क्या करें

आओ जानाँ![1] बादलों के साथ-साथ
धूप जाती है कहाँ पीछा करें

पलकाँ-पलकाँ रात भर शबनम चुनें
क़तरा-क़तरा[2] जोड़ कर दरिया करें

दूर जायें, दूर से बातें करें
पास आयें, पास से देखा करें

ये मज़ा लेने का मौसम फिर कहाँ
रहमतों की रात है, सजदा करें

---

1. प्रिय, 2. बूँद-बूँद

ख़त में बारीकियाँ चमकती हैं
फूल-सी उँगलियाँ चमकती हैं

चाँद सोकर उठा है कमरे में
दूर से खिड़कियाँ चमकती हैं

घर में इक रौशनी सी होती है
काँच की चूड़ियाँ चमकती हैं

इक गुलाबी-गुलाबी काग़ज़ पर
आज भी तितलियाँ चमकती हैं

मेरे हाथों की इन लकीरों में
मेरी महरूमियाँ[1] चमकती हैं

---

1. असफलतायें

वो जहाँ थे, वहीं खड़े होंगे
जो किसी बात पर अड़े होंगे

पालनों में कहीं पड़े होंगे
कल जो सूरज बहुत बड़े होंगे

अब नये ज़हन[1] और आयेंगे
इम्तिहानात[2] भी कड़े होंगे

एक छोटे-से सायबाँ[3] के लिए
उम्र भर धूप से लड़े होंगे

ताज-दारों के सर-चढ़े हीरे
आज पापोश[4] में जड़े होंगे

मैं उठाकर ग़ज़ल बना दूँगा
लफ़्ज़[5] जितने गिरे पड़े होंगे

सात रंगों के सात ताज महल
एक दीवार में जड़े होंगे

धूप कब तक मुझे सताएगी
कल मिरे पेड़ भी हरे होंगे

कितने लहजे बशीर 'बद्र' हुए
अपने पैरों पे कब खड़े होंगे

---

1. प्रतिभायें, दिमाग़, 2. परीक्षायें, 3. छज्जा, 4. जूता 5. शब्द

किताबें, रिसाले[1] न अख़बार पढ़ना
मगर दिल को हर रात इक बार पढ़ना

बड़ी पुर-सुकूँ[2] धूप जैसी वो आँखें
किसी शाम झीलों के उस पार पढ़ना

सियासत[3] की अपनी अलग इक ज़बाँ है
लिखा हो जो इक़रार, इन्कार पढ़ना

मैं काग़ज़ की तक़दीर पहचानता हूँ
सिपाही को आता है तलवार पढ़ना

ज़बानों की ये ख़ूबसूरत इकाई
ग़ज़ल के परिन्दों का अश्आर[4] पढ़ना

---

1. पत्रिकायें, 2. सुकून (आनन्दानुभूति) से परिपूर्ण, 3. राजनीति, 4. शेर

चमक रही है परों में उड़ान की ख़ुशबू
बुला रही है बहुत आसमान की ख़ुशबू

भटक रही है पुरानी दुलाइयाँ ओढ़े
हवेलियों में मिरे ख़ानदान की ख़ुशबू

सुना के कोई कहानी हमें सुलाती थी
दुआओं जैसी बड़े पानदान की ख़ुशबू

वो इत्र-दान-सा लहजा मिरे बुज़ुर्गों का
रची-बसी हुई उर्दू ज़बान की ख़ुशबू

हमारी शाख़ पे इक फूल खिलने वाला है
बदन से आने लगी ज़ाफ़रान की ख़ुशबू

इमारतों की बुलन्दी पे कोई मौसम क्या
कहाँ से आ गई कच्चे मकान की ख़ुशबू

गुलों पे लिखती हुई ला इलाह इल्लल्लाह
पहाड़ियों से उतरती अज़ान की ख़ुशबू

अब धूप भूल जाइए, सूरज यहाँ नहीं
ऐसी ज़मीं मिली है जहाँ आसमाँ नहीं

काग़ज़ पे रात अपनी सियाही बिछा गई
कोई लकीर तेरे मिरे दरमियाँ नहीं

ये राज़ अब खुला तिरी नाराज़गी के बाद
तू मेहरबाँ नहीं, तू कोई मेहरबाँ नहीं

दिल ने तुम्हारी याद में सबको भुला दिया
इस ताक़ में चराग़ है लेकिन धुआँ नहीं

जा उसका नाम लिख दे गुलाबों की शाख़ पर
फूलों के आस-पास अगर तितलियाँ नहीं

'मीरा', 'कबीर', 'चिश्ती'-ओ-'नानक' के प्यार को
जो देश भूल जाए वो हिन्दोस्ताँ नहीं

ग़ज़ालाँ![1] देखना दिलदार तारों की अटारी में
मिरे नैनाँ के दोनों पट खुले हैं इन्तिज़ारी में

कभी कहते हो अब आए, कभी कहते हो तब आए
हमारी जान जाएगी तुम्हारी इन्तिज़ारी में

हमन को आशिक़ी की आग फूलों में बसाती है
फ़रिश्ते राख हो जाते हैं सूरज की सवारी में

परिन्दों के शिकाराँ से ख़ुदा नाराज़ होवे है
किसी दिन चाँद को ज़ख़्मी करोगे चाँद-मारी में

ख़िज़ाँ की घास पर छलकाट की चादर बिछा दी है
बटन सोने के टाँके हैं तुम्हारी छोलदारी में

तुम्हारे हाथ में मश्रिक़,[2] तुम्हारे पाँव पर मग़्रिब[3]
दुपट्टा और कंगन क्या जमे जानाँ सफ़ारी में

---

1. ऐ मृग-शावको! 2. पूर्व दिशा, 3. पश्चिम

सूरज-चन्दा जैसी जोड़ी हम दोनों
दिन का राजा, रात की रानी हम दोनों

जगमग-जगमग दुनिया का मेला झूठा
सच्चा सोना, सच्ची चाँदी हम दोनों

घर-घर दुख-सुख का इक दीपक जले-बुझे
हर दीपक में तेल और बाती हम दोनों

इक-दूजे से मिल कर पूरे होते हैं
आधी-आधी एक कहानी हम दोनों

मैं दहलीज़ का दीपक हूँ, आ तेज़ हवा
रात गुज़ारें अपनी-अपनी हम दोनों

दालानों की धूप, छतों की शाम कहाँ
घर से बाहर घर जैसा आराम कहाँ

लोगों को सूरज का धोखा होता है
आँसू बन कर चमका मेरा नाम कहाँ

मैं उसको पहचान नहीं पाया तो क्या
याद उसे भी आया मेरा नाम कहाँ

बाज़ारों की चहल-पहल से रौशन हैं
इन आँखों में मन्दिर जैसी शाम कहाँ

दिन भर सूरज किसका पीछा करता है
रोज़ पहाड़ी पर जाती है शाम कहाँ

माटी की कच्ची गागर को क्या खोना, क्या पाना, बाबा
माटी को माटी रहना है, माटी में मिल जाना बाबा

हम क्या जानें दीवारों से कैसे धूप उतरती होगी
रात रहे बाहर जाना है, रात गए घर आना बाबा

जिस लकड़ी को अन्दर-अन्दर दीमक बिल्कुल चाट चुकी हो
उसको ऊपर से चमकाना, राख पे धूप जमाना बाबा

छत के ऊपर बादल बरसें, छत के नीचे अपनी आँखें
तन की इस गीली मिट्टी को घुल-धुल कर बह जाना बाबा

प्यार की गहरी फुँकारों से सारा बदन आकाश हुआ है
दूध पिलाना, तन डसवाना, है दस्तूर पुराना बाबा

इन ऊँचे शहरों मे पैदल सिर्फ़ देहाती ही चलते हैं
हमको बाज़ारों से इक दिन काँधे पर ले जाना बाबा

पानी के हम झूटे मोती कैसे पलकों पर रुक जायें
नद्दी को दरिया, दरिया को सागर में मिल जाना बाबा

धूप नई पोशाकें बदले मौसम की कश्ती पर तैरे
राख का कुर्ता, धूल की लुँगी, अपना भेस पुराना बाबा

अच्छा तुम्हारे शहर का दस्तूर हो गया
जिसको गले लगा लिया वो दूर हो गया

काग़ज़ में दब के मर गए कीड़े किताब के
दीवाना बिन पढ़े-लिखे मशहूर हो गया

सुबहे-विसाल[1] पूछ रही है अजब सवाल
वो पास आ गया कि बहुत दूर हो गया

तनहाइयों ने तोड़ दी हम दोनों की अना[2]
आईना बात करने पे मजबूर हो गया

महलों में हमने कितने सितारे सजा दिए
लेकिन ज़मीं से चाँद बहुत दूर हो गया

---

1. मिलन के बाद की सुबह, 2. अहं

अगर तलाश करूँ, कोई मिल ही जायेगा
मगर तुम्हारी तरह कौन मुझको चाहेगा

तुम्हें ज़रूर कोई चाहतों से देखेगा
मगर वो आँखें हमारी कहाँ से लायेगा

तुम्हारे साथ ये मौसम फ़रिश्तों जैसा है
तुम्हारे बाद ये मौसम बहुत सतायेगा

मैं अपनी राह में दीवार बनके बैठा हूँ
अगर वो आया तो किस रास्ते से आयेगा

न जाने कब तिरे दिल पर किसी की दस्तक हो
मकान ख़ाली हुआ है तो कोई आयेगा

चयनिका

(1)

उजाले अपनी यादों के हमारे साथ रहने दो
न जाने किस गली में ज़िन्दगी की शाम हो जाए

(2)

जिस दिन से चला हूँ मिरी मंज़िल पे नज़र है
आँखों ने कभी मील का पत्थर नहीं देखा

(3)

उन्हीं रास्तों ने, जिन पर कभी तुम थे साथ मेरे
मुझे रोक-रोक पूछा, तिरा हमसफ़र कहाँ है

(4)

देने वाले ने दिया सब कुछ अजब अन्दाज़ से
सामने दुनिया पड़ी है और उठा सकते नहीं

(5)

चाँद-चेहरा, ज़ुल्फ़-दरिया, बात-ख़ुशबू, दिल-चमन
इक तुझे देकर ख़ुदा ने दे दिया क्या-क्या मुझे

(6)

हम-से मजबूर का ग़ुस्सा भी अजब बादल है
अपने ही दिल से उठे, अपने ही दिल पर बरसे

(7)

वो फ़रिश्ते आप तलाश करिए कहानियों की किताब में
जो बुरा कहें न बुरा सुनें, कोई शख़्स जिनसे ख़फ़ा न हो

(8)

कई सितारों को मैं जानता हूँ बचपन से
कहीं भी जाऊँ मिरे साथ-साथ चलते हैं

(9)

दुनिया में कहीं उनकी तालीम नहीं होती
दो-चार किताबों को घर में पढ़ा जाता है

(10)

उसके लिए तो मैंने यहाँ तक दुआयें कीं
मेरी तरह से कोई उसे चाहता भी हो

(11)

फिर उसके बाद मुझे आज तक ज़मीं न मिली
ज़रा-सी उम्र थी जब तनहा पहली बार उड़ा

(12)

इतनी मिलती है मेरी ग़ज़लों से सूरत तेरी
लोग तुझको मिरा महबूब समझते होंगे

(13)

पलकें भी चमक उठती हैं सोते में हमारी
आँखों को अभी ख़्वाब छुपाने नहीं आते

(14)

दुश्मनी का सफ़र, इक क़दम दो क़दम
तुम भी थक जाओगे, हम भी थक जायेंगे

(15)

रात तेरी यादों ने दिल को इस तरह छेड़ा
जैसे कोई चुटकी ले नर्म-नर्म गालों में

(16)

सुना के कोई कहानी हमें सुलाती थी
दुआओं जैसी बड़े पानदान की ख़ुशबू

(17)

मिरे दिल की राख कुरेद मत, इसे मुस्कुरा के हवा न दे
ये चराग़ फिर भी चराग़ है, कहीं तेरा हाथ जला न दे

(18)

ये मुहब्बतों की कहानियाँ भी बड़ी अजीबो-ग़रीब हैं
तुझे मेरा प्यार नहीं मिला, मुझे उसका प्यार नहीं मिला

(19)

वो महकती पलकों की ओट से, कोई तारा चमका था रात में
मिरी बन्द मुट्ठी न खोलिए, वही कोहे-नूर है हाथ में

(20)

मैं तमाम तारे उठा-उठा के ग़रीब लोगों में बाँट दूँ
कभी एक रात वो आसमाँ का निज़ाम दे मिरे हाथ में

(21)

तुम मिरी ज़िन्दगी हो ये सच है
ज़िन्दगी का मगर भरोसा क्या

(22)

तुम अभी शहर में क्या नये आये हो
रुक गए राह में हादिसा देखकर

(23)

जी बहुत चाहता है सच बोलें
क्या करें हौसला नहीं होता

(24)

वो इत्रदान-सा लहजा मिरे बुज़ुर्गों का
रची-बसी हुई उर्दू ज़बान की ख़ुशबू

(25)

मुहब्बत के ख़रीदारॉं, मियाँ ऊपर से आते हैं
मुहब्बत ज़िन्दगी देकर अगर मिल जाए सस्ती है

(26)

जिसे ले गई है अभी हवा वो वरक़[1] था दिल की किताब का
कहीं आँसुओं से मिटा हुआ, कहीं आँसुओं से लिखा हुआ

(27)

आँखों में रहा, दिल में उतर कर नहीं देखा
कश्ती के मुसाफ़िर ने समन्दर नहीं देखा

(28)

पत्थर मुझे कहता है मिरा चाहने वाला
मैं मोम हूँ, उसने मुझे छूकर नहीं देखा

(29)

वही ख़त कि जिस पे जगह-जगह दो महकते होंठों के चाँद थे
किसी भूले-बिसरे से ताक़ पर तहे-गर्द होगा दबा हुआ

(30)

ये फूल मुझे कोई विरासत में मिले हैं
तुमने मिरा काँटों भरा बिस्तर नहीं देखा

(31)

यहाँ लिबास की क़ीमत है, आदमी की नहीं
मुझे गिलास बड़ा दे, शराब कम कर दे

(32)

इस तरह साथ निभना है दुश्वार-सा
मैं भी तलवार-सा, तू भी तलवार-सा

(33)

किसी ने चूम के आँखों को ये दुआ दी थी
ज़मीन तेरी ख़ुदा मोतियों से नम कर दे

(34)

पहली बार नज़रों ने चाँद बोलते देखा
हम जवाब क्या देते, खो गए सवालों में

(35)

कभी यूँ भी आ मिरी आँख में कि मिरी नज़र को ख़बर न हो
मुझे एक रात नवाज़ दे, मगर उसके बाद सहर[1] न हो

(36)

मैं हर हाल में मुस्कुराता रहूँगा
तुम्हारी मुहब्बत अगर साथ होगी

(37)

उसे पाक नज़रों से चूमना भी इबादतों में शुमार है
कोई फूल लाख क़रीब हो, कभी मैंने उसको छुआ नहीं

(38)

मिरे साथ चलने वाले तुझे क्या मिला सफ़र में
वही दुख भरी ज़मीं है, वही ग़म का आसमाँ है

(39)

किसी की याद में दहलीज़ पर दिये न रखो
किवाड़ सूखी हुई लकड़ियों के होते हैं

(40)

सवेरे मेरी इन आँखों ने देखा
ख़ुदा चारों तरफ़ बिखरा पड़ा है

(41)

हर रोज़ हमें मिलना, हर रोज़ बिछड़ना है
मैं रात की परछाई, तू सुबह का चेहरा है

(42)

बहुत गुबार भरा था दिलों में दोनों के
मगर वो एक ही बिस्तर पे रात सोये भी

(43)

सब समझते हैं वही रात की क़िस्मत होगा
जो सितारा कि बुलन्दी पे नज़र आता है

(44)

पला-बढ़ा हूँ अभी तक इन्हीं अँधेरों में
मैं तेज़ धूप से कैसे नज़र मिलाऊँगा

(45)

ये बात लोगों को शायद पसन्द आई नहीं
मकान छोटा था लेकिन बहुत सजाया था

(46)

हम भी दरिया हैं, हमें अपना हुनर मालूम है
जिस तरफ़ भी चल पड़ेंगे रास्ता हो जाएगा

(47)

ग़ज़लों का हुनर अपनी आँखों को सिखायेंगे
रोयेंगे बहुत लेकिन आँसू नहीं आयेंगे

(48)

कह देना समन्दर से हम ओस के मोती हैं
दरिया की तरह तुझसे मिलने नहीं आयेंगे

(49)

वो ज़ाफ़रानी पुलोवर उसी का हिस्सा है
कोई जो दूसरा पहने तो दूसरा ही लगे

(50)

दुश्मनी जम कर करो लेकिन ये गुँजाइश रहे
जब कभी हम दोस्त बन जायें तो शर्मिन्दा न हों

(51)

जिस तरह वापिस कोई ले जाए अपनी चिट्ठियाँ
जाने वाला इस तरह से कर गया तनहा मुझे

(52)

दिल वो दरवेश है जो आँख उठाता ही नहीं
इसके दरवाज़े पे सौ अहले-करम आते हैं

(53)

खुदा की इतनी बड़ी काइनात में मैंने
बस एक शख़्स को माँगा, मुझे वही न मिला

(54)

शौहरत की बुलन्दी भी पल भर का तमाशा है
जिस डाल पे बैठे हो, वो टूट भी सकती है

(55)

मैं चुप रहा तो और ग़लत-फ़हमियाँ बढ़ीं
वो भी सुना है उसने, जो मैंने कहा नहीं

(56)

मुसाफ़िर हैं हम भी, मुसाफ़िर हो तुम भी
किसी मोड़ पर फिर मुलाक़ात होगी

(57)

साहिल पे रुक गये थे ज़रा देर के लिए
आँखों से दिल में कितने समन्दर उतर गये

(58)

शाम के बाद कचहरी का थका सन्नाटा
बुगुनाही को अदालत के हुनर याद आये

(59)

मैं आग था फूलों में तब्दील हुआ कैसे
बच्चों की तरह किसने चूमा मिरे गालों को

(60)

कोई हाथ भी न मिलाएगा, जो गले मिलोगे तपाक से
ये नये मिज़ाज का शहर है, ज़रा फ़ासिले से मिला करो

(61)

मिरे साथ तुम भी दुआ करो, यूँ किसी के हक़ में बुरा न हो
कहीं और हो न ये हादिसा, कोई रास्ते में जुदा न हो

(62)

कुछ तो मजबूरियाँ रही होंगी
यूँ कोई बेवफ़ा नहीं होता

(63)

वो चाँदनी का बदन, ख़ुशबुओं का साया है
बहुत अज़ीज़ हमें है मगर पराया है

(64)

मिरी सुबह तेरे सलाम से, मिरी शाम तेरे ही नाम से
तिरे दर को छोड़ के जाऊँगा, ये ख़याल दिल से निकाल दे

(65)

उतर भी आओ कभी आसमाँ के ज़ीने से
तुम्हें ख़ुदा ने हमारे लिए बनाया है

(66)

सरे-राह कुछ भी कहा नहीं, कभी उसके घर मैं गया नहीं
मैं जनम-जनम से उसी का हूँ, उसे आज तक ये पता नहीं

(67)

ये खुदा की देन अजीब है, कि इसी का नाम नसीब है
जिसे तूने चाहा वो मिल गया, जिसे मैंने चाहा मिला नहीं

(68)

उसे किसी की मुहब्बत का ऐतिबार नहीं
उसे ज़माने ने शायद बहुत सताया है

(69)

कई मील रेत को चीर कर कोई मौज फूल खिला गई
कोई पेड़ प्यास से मर रहा है नदी के पास खड़ा हुआ

(70)

ग़ुरूर उसपे बहुत सजता है, मगर कह दो
इसी में उसका भला है ग़ुरूर कम कर दे

(71)

तुमने देखा है किसी मीरा को मन्दिर में कभी
एक दिन उसने खुदा से इस तरह माँगा मुझे

(72)

तहरीरो-गुफ़्तगू में किसे ढूँढ़ते हैं लोग
तस्वीर में भी शक्ल हमारी न आएगी

(73)

मिरे साथ जुगनू है हमसफ़र मगर इस शरर की बिसात क्या
ये चराग़ कोई चराग़ है, न जला हुआ, न बुझा हुआ

(74)

मेरी मुट्ठी में सुलगती रेत रख कर चल दिया
कितनी आवाज़ें दिया करता था ये दरिया मुझे

(75)

पत्थर के जिगर वालो! ग़म में वो रवानी है
खुद राह बना लेगा, बहता हुआ पानी है

(76)

हर बात में महके हुए जज़्बात की खुशबू
याद आई बहुत पहली मुलाक़ात की खुशबू

(77)

चराग़ों को आँखों में महफ़ूज़ रखना
बड़ी दूर तक रात ही रात होगी

(78)

कोई काग़ज़ न था लिफ़ाफ़े में
सिर्फ़ तितली का एक पर निकला

(79)

कभी तो आसमाँ से चाँद उतरे जाम हो जाए
तुम्हारे नाम की इक ख़ूबसूरत शाम हो जाए

(80)

मुझे मालूम है उसका ठिकाना फिर कहाँ होगा
परिन्दा आसमाँ छूने में जब नाकाम हो जाए

(81)

ये चराग़ बे-नज़र है, ये सितारा बे-ज़ुबाँ है
अभी तुमसे मिलता-जुलता कोई दूसरा कहाँ है

(82)

दहकती धूप समन्दर है, ये जज़ीरे[1] हैं
घने दरख़्त जो सड़कों पे साया करते हैं

(83)

अख़बार में तो ऐसी कोई ख़बर नहीं थी
झुलसे मकान झूठे अफ़साने कह रहे हैं

(84)

याद अब ख़ुद को आ रहे हैं हम
कुछ दिनों तक ख़ुदा रहे हैं हम

(85)

अब हमें देख भी न पाओगे
इतने नज़दीक आ रहे हैं हम

(86)

कोई न जान सका वो कहाँ से आया था
और उसने धूप से बादल को क्यों मिलाया था

(87)

मुहब्बतों में दिखावे की दोस्ती न मिला
अगर गले नहीं मिलता तो हाथ भी न मिला

(88)

सर झुकाओगे तो पत्थर देवता हो जाएगा
इतना मत चाहो उसे, वो बेवफ़ा हो जाएगा

(89)

अब मिले हम तो कई लोग बिछड़ जायेंगे
इन्तिज़ार और करो अगले जनम तक मेरा

(90)

वक़्त सौ मुन्सिफ़ों का मुन्सिफ़ है
वक़्त आएगा इन्तिज़ार करो

(91)

खुशबू की तरह आया तो तेज़ हवाओं में
माँगा था जिसे हमने दिन-रात दुआओं में

(92)

धूप का प्यार ख़ूबसूरत है
आग के फूल भी सुहाने हैं

(93)

ज़िन्दगी तूने मुझे क़ब्र से कम दी है ज़मीं
पाँव फैलाऊँ तो दीवार में सर लगता है

(94)

परखना मत, परखने से कोई अपना नहीं रहता
किसी भी आईने में देर तक चेहरा नहीं रहता

(95)

बड़े लोगों से मिलने में हमेशा फ़ासिला रखना
जहाँ दरिया समन्दर में मिला दरिया नहीं रहता

(96)

लोग टूट जाते हैं एक घर बनाने में
तुम तरस नहीं खाते बस्तियाँ जलाने में

(97)

सब हैं किरदार इक कहानी के
वरना शैतान क्या फ़रिश्ता क्या

(98)

तुम छत पे नहीं आये, मैं घर से नहीं निकला
ये चाँद बहुत भटका सावन की घटाओं में

(99)

ग़ज़लें अब तक शराब पीती थीं
नीम का रस पिला रहे हैं हम

अलिफ़ अलिफ़ है उसे शीन क़ाफ़ करते नहीं
दिलो-दिमाग़ मेरे इख़्तिलाफ़ करते नहीं

ज़हीन साँप सदा आस्तीं में रहते हैं
ज़ुबाँ से कहते हैं, दिल से मुआफ़ करते नहीं

ये दिल है, कमरे की बत्ती बुझा के सोता है
मगर दिमाग़ का हम 'मेन ऑफ़' करते नहीं

कहो तो ओस बिछा दूँ शहर की पलकों पर
ग़ज़ल ग़ज़ल है इसे हम लिहाफ़ करते नहीं

ख़िराज लेते हैं लेकिन ज़रा सलीक़े से
किसी वज़ीर के घर का तवाफ़ करते नहीं

वो जानते हैं चराग़ों में कौन जलता है
मगर ज़ुबाँ से अभी ऐतिराफ़ करते नहीं

'असद' से कहियो कि अब तर्जुमे हज़फ़ कर दें
कि 'डुप्लीकेट' का हम ऐतिराफ़ करते नहीं

धड़कन धड़कन धड़क रहा है अल्लाह तेरो नाम
पंछी पंछी चहक रहा है अल्लाह तेरो नाम

बच्चों की भोली बातों में उजली उजली धूप
गुंचा गुंचा चटक रहा है अल्लाह तेरो नाम

पतझड़ भीगे चांद नहाए पहली पहली बारिश
आंसू आंसू ढलक रहा है अल्लाह तेरो नाम

हर गर्मी सर्दी की शिद्दत में रहमत की शाल
मौसम मौसम चहक रहा है अल्लाह तेरो नाम

अम्बर सोना, धरती चांदी, माटी हीरा मोती
बाहर भीतर चमक रहा है अल्लाह तेरो नाम

चादर झीनी, रेशम ऊनी, करघे हुए मशीनी
दहक रहा है चमक रहा है अल्लाह तेरो नाम

धुंधले धुंधले लफ़्ज़ों को ताबानी देदे मौला
दमक रहा है खनक रहा है अल्लाह तेरो नाम

झिलमिल झिलमिल रौशन आँखें रोते हँसते बच्चों की
मोती मोती चमक रहा है अल्लाह तेरो नाम

सात समंदर की गहराई पानी की तहरीर
लहर लहर में लहक रहा है अल्लाह तेरो नाम

जमना जी की तट पर गूंजे तेरे नाम की मुरली
गंगा जी में झलक रहा है अल्लाह तेरो नाम

मंदिर मस्जिद बनते हैं—बनते बनते मिट जाते हैं
चमक रहा था, चमक रहा है अल्लाह तेरो नाम

●●●